何以为人父母

看见并回应孩子真实的自我

[美] 威廉·马丁 William Martin 著
王雯 译

The Parent's tao Te Ching

Ancient Advice for Modern Parents

中国青年出版社

图书在版编目（CIP）数据

何以为人父母：看见并回应孩子真实的自我 / (美)
威廉·马丁著；王雯译. -- 北京：中国青年出版社，
2025. 6. -- ISBN 978-7-5153-7767-4

Ⅰ. G782

中国国家版本馆CIP数据核字第2025H7D774号

何以为人父母：看见并回应孩子真实的自我

作　　者：[美] 威廉·马丁
译　　者：王　雯
责任编辑：肖　佳
文字编辑：吴梦书
美术编辑：杜雨萃
出　　版：中国青年出版社
发　　行：北京中青文文化传媒有限公司
电　　话：010-65511272 / 65516873
公司网址：www.cyb.com.cn
购书网址：zqwts.tmall.com
印　　刷：大厂回族自治县益利印刷有限公司
版　　次：2025年6月第1版
印　　次：2025年6月第1次印刷
开　　本：880mm × 1230mm　　1/32
字　　数：92千字
印　　张：5
京权图字：01-2024-3023
书　　号：ISBN 978-7-5153-7767-4
定　　价：49.00元

献给我的孩子约翰（John）和劳拉（Lara）。

他们是最令人惊叹的存在。

《何以为人父母》所获赞誉

这本书是绝对的珍宝。它是我读过的最接近于“传授不可传授之道”的书。如果你是父母，你别无选择——你必须随时将这本书放在触手可及的地方。

——休·帕瑟（Hugh Prather），父母，牧师，
《致自己的备忘录》（*Notes to Myself*）作者，
与盖尔·普拉瑟合著《精神养育：理解与滋养孩子心灵的指南》（*Spiritual Parenting: A Guide to Understanding and Nurturing the Heart of Your Child*）

威廉·马丁（William Martin）展示了道家的普世智慧如何应用于养育。在此过程中，他不仅阐明了我们面临的最神圣任务的真谛，还致力于为下一代带来和平与理解。

——邓明道（Deng Ming-Dao），《道志》（*The Chronicles of Tao*）《365日的道》（*365 Tao*）《万物皆道》（*Every Tao*）作者

我喜欢威廉·马丁的《何以为人父母》。这些古老的智慧倡导耐心、同情心、简约和父母的自我觉知，使父母能够迅速反思自我，从而看见并回应孩子真实的自我。每一位父母都应该将这本书置于床头，反复阅读，以应

对家庭生活的纷繁复杂。

——弗吉尼亚·比恩·拉特（Virginia Beane Rutter），荣格学派心理分析师，《颂扬女孩：培养并赋能我们的女儿》（*Celebrating Girls: Nurturing and Empowering Our Daughters*）作者

CONTENTS

目录

FOREWORD

前言

从实践中学习的艺术

能在经典之作上有所提升实属难得，更难得的是，还将其精心包装，作为一份礼物献给现代世界。这需要一位具备非凡智慧、洞见和爱心的作者。比尔·马丁[1]正是这样的作者。《何以为人父母》正是这样的著作。自《小熊维尼之道》[2]（*The Tao of Pooh*）问世之前，道家智慧从未得到过如此实用、温和与美好的诠释。

在这个世界上，很少有事情比养育孩子更为重要。无论在什么时代、什么背景、什么时间与地点，孩子都是我们的珍宝，我们的未来，我们永恒的延续——这是人类之链中不可或缺的纽带。还有哪种更好的服务吗？我们为此奉献财富、双手和心灵，还有哪种比这更好的慈善吗？孩子使我们记起曾经的自己，也提醒我们可能成为什么样的人。他们代表着我们的纯真，我们的纯洁和我们的无限潜力。

詹姆斯·鲍德温（James Baldwin）[3]写道："孩子们

---

[1] 指本书作者威廉·马丁。比尔（Bill）是威廉（William）的昵称。

[2] 介绍道家思想的东方学作品，1982年出版，曾跻身《纽约时报》畅销书排行榜，作者本杰明·霍夫（Benjamin Hoff）。

[3] 詹姆斯·鲍德温（1924—1987），非洲裔美国作家、散文家、戏剧家和社会评论家。

从不擅长听父母的教诲，但他们总是会模仿父母的行为。”比尔·马丁提醒我们，教育只能以身作则。通过改善我们自己的行为，以及正如阿尔多斯·赫胥黎（Aldous Huxley）[1]所说，“努力变得更善良一些”，我们不仅是在抚养孩子，更是在提升他们的道德标准。

作为三个孩子的父亲和两个孙辈的祖父，我后知后觉却又更深刻地体会到为人父母是一条精神成长之路。这条路并非为怯懦者准备，也并非适合每一个人。生儿育女是生物性赋予的本能，而将孩子养育得当却是一门在实践中学习的艺术。谚语有云：“成熟的成年人不一定会创造孩子，但孩子却帮助造就了成熟的成年人。”

《道德经》以普世智慧著称，我以前从未将其视为育儿手册。但为什么不呢？道家的智慧适用于各个领域，甚至包括园艺或摩托车维修。比尔·马丁汲取了纪伯伦·哈利勒·纪伯伦（Gibran Kahlil Gibran）[2]甚至鲁米（Rumi）[3]的一些灵感，创作出神圣而富有现实意义的散文，而非抽象的诗句。《何以为人父母》是献给天下所有父母的礼物，它时刻提醒读者，当我们用心帮助孩子时，我们自己也能成为更好的人，如同温柔地引导树枝向着阳光挺拔生长一样。

---

[1] 阿尔多斯·赫胥黎（1894—1963），英国小说家、诗人、剧作家。

[2] 纪伯伦·哈利勒·纪伯伦（1883—1931），黎巴嫩裔美国诗人、作家、画家。

[3] 莫拉维·贾拉鲁丁·鲁米（Molana Jalaluddin Rumi, 1207—1273），波斯诗人、人文主义者、哲学家。

另一句谚语提醒我们，孩子并不是需要填满的容器，而是等待点燃的蜡烛。父母亦然。我们所有人都是如此。通过在养育孩子的过程中聆听《道德经》的智慧，我们不仅是在养育孩子，也是在提升自己，激发内心的光明。

丹·米尔曼

《深夜加油站遇见苏格拉底》作者

加利福尼亚州圣拉斐尔市

1998年12月

INTRODUCTION

导读

《道德经》成书于两千五百多年前，关于其作者众说纷纭，但通常被归功于中国的传奇智者——老子。这部著作为领袖和哲学家提供了切实的建议，旨在阐述难以言传的“道”或“道法”。相传老子是在极不情愿的情形下写下这些简短的文字的，因为他深知一旦付诸文字，道的本质便会随之消失。如今，他的著作已成为全球最畅销的书之一，发行量仅次于《圣经》。他简洁的思想构筑了现代世界对道家哲学的理解，并深刻影响了所有哲学体系。

《道德经》采用诗化风格，使用汉字写成。单个汉字往往蕴含复杂的意义，其微妙之处若用英文表达，可能需要大段文字。然而，任何英文翻译都必须保留原文简单、直接、简洁的语言冲击力。您手中的这本书并非《道德经》的译著，而是专门为现代父母量身打造的道家智慧诠释。若您希望探究《道德经》原著，有多个出色的版本可供选择。

在向父母传递“道”的启示时，我提取了《道德经》每章的精髓，并将其拓展为自由诗与具体建议的结合。

我尽量避免措辞过于冗长，以免违背老子的精神。

然而，我也努力做到言无不尽，以确保能提供切实的帮助。

多年来，我一直研习《道德经》。其深刻的洞见和温柔的滋养深深影响了我的精神、情绪甚至是身体，尤其对我养育两个优秀孩子的这一历程产生了深远的影响。贯穿《道德经》的诸多宏大主题，如整体性、不带评判地回应、效仿自然法则，以及在“做”与“存在”之间取得平衡，对于建立健康而充满爱意的亲子关系至为重要。

在本书中，我通常使用“道”一词来指代老子思想的核心概念。它也可以被翻译为“道法”或“生活之道”。有时，我发现将其理解为“事物自然运行的方式”更为有益。“道”本身的神秘特质使其难以被定义。正如老子所言：“道可道，非常道。”（《道德经》第1章）一些西方人将“道”与上帝的概念联系在一起，但我在大多数情况下并不想这样做。“上帝”一词往往使人联想到狭隘且宗教化的形象。也许更合适的理解是，将“道”视为人类对上帝的全部观念和定义背后的神秘本源——一种拒绝被语言和定义所束缚的奥秘。在极少数情况下，我会用“上帝”或“神圣生命”来指代“道”。请理解，在这些情况下，我是以最宽泛的意义来使用这些词语。可言说的上帝并非永恒的上帝。

我怀着深深的感激之情感谢我挚爱的伴侣南希（Nancy），是她以自身的灵魂和爱，教会了我生命之舞中那些言语无法传达的真谛。同时，我也要感谢和祝福我出色的孩子们——劳拉和约翰。他们的成长旅程曾让我欣慰、疲惫、忧虑，却也让我对生命与爱的神秘充满了无限的敬畏。他们如今已长大成人，我为他们感到由衷的欣喜。然而，他们的故事属于他们自己，不属于我。

祝福天下父母。愿所有孩子沐浴在爱与恩典中。

威廉·马丁

俄勒冈州水獭岩镇

1998年11月

何以为人父母

THE PARENT'S TAO TE CHING

1
关于生命的对话

你可以和你的孩子谈论生命，
但你的话语不是生命本身。
你可以向他们展示你看见的，
但你展示的与他们看见的
永远是不同的东西。

你无法和他们谈论神性本身，
但你可以与他们分享
神性的无数显现
每时每刻都在他们眼前。
这些显现起源于道，
有形的将向他们揭示无形的。

不要把你想给孩子讲误认为他们想听。
更重要的是他们从你那里学到的无言的真理。
如果你为生活中的平凡奇迹而欣喜，
他们将感受你深刻的快乐
并学会体验喜悦。
如果你和他们一起走过生命奥秘的幽暗，
你将打开理解之门。

他们将学会在黑暗中看见
并且不惧怕。

慢慢地、专注地散步。
向他们展示每一件吸引你的微小事物，
留意每一件吸引他们的微小事物。
不要想着给他们上一课，
只是留意。
他们自己将得到启示。

2
小心标签

当你教孩子某些东西是好的，
他们可能会把其他不同的东西看作坏的。
当你教孩子某些事物是美的，
他们可能会认为其他东西是丑的。

难的事情，就说“难”，
容易的事情，就说“容易”，
不要避开这个去寻求那个，
你的孩子就会学会自信。
结果，就说“结果”，
不要将这个贴上成功的标签，
将那个贴上失败的标签，
你的孩子就会学会不恐惧。
生，就说“生”，
死，就说“死”，
不要将一个看作好，
将另一个看作不好，
你的孩子就会坦然看待生命。

留意你的孩子如何给事物贴标签。

“这个真讨厌。”

“那个真愚蠢。”

不要纠正他们。

只是留意，并思考他们是如何学习的。

今天开始，给孩子不同的教导。

北京第一实验学校　罗俊翕 / 绘

3
快乐是会传染的

如果你总是将孩子的能力
与伟大的运动员、明星和名人相比，
他们会失去自己的力量。
如果你催促他们取得什么、实现什么，
他们会学会欺骗和偷窃
以满足你的期望。

鼓励你的孩子追求最深处的喜悦，
而不是满足他们肤浅的欲望。
夸奖他们的耐心，
而不是野心。
不要看重那些伪装成成功的干扰和诱惑，
他们将学会听见自己的声音，
而不是人群的嘈杂。

如果你教他们去实现，
他们将永不满足。
如果你教他们满足，
他们将自然实现任何事情。

我们都希望我们的孩子快乐。
无论以什么方式，
向他们展示什么东西使你快乐，
什么东西使你真正享受。
你自己的快乐是会传染的。
他们将从你那里学习这种艺术。

北京第一实验学校　罗俊翕 / 绘

4
无限的可能

你不知道你的孩子的真正起源。
你称他们为你的孩子，
但他们属于一个更伟大的奥秘。
你不知道这个奥秘的名字，
但它是你的孩子真正的父母。

出生时，你的孩子充满了可能。
你的职责不是限制这些可能。
不要说："这个和那个对于你是可能的，
那些是不可能的。"
他们会自己发现什么是可能的，什么是不可能的。
你的工作是帮助他们
对生命的神奇奥秘保持开放心态。

也许可以问自己：
"我无意中给自己设定了什么限制？"
孩子的眼界
很难比你的眼界更广阔。
去做挑战自己成见的事，
然后牵起孩子的手，
温柔地鼓励她也这样做。

5
看见心灵

孩子的一些行为在你看来是“好的”，
另一些行为无疑是“坏的”。
留意孩子的这两种行为，
不要对其中一种过于赞赏，
也不要对另一种过于失望。
这样做，你是在遵循道，
它将我们的行为视为面具，
并透过面具看见
我们内心的善。

最重要的是，不要批评孩子的行为，
也不要试图通过无休止的说教和责骂
来改变它。
保持你内心的平静，
透过行为看向孩子的心灵。
在那里，你只会发现善。
当你看见孩子的心灵时，
你会知道该怎么做。

当然，有些行为对孩子和其他人是危险的。

表达你对这些行为的担心，
但不要批评孩子。
思考某种让你感到担忧的行为。
仔细冥想，看向孩子的内心。
它告诉你什么？

6
放松一些

道不断赋予新的生命
给你的孩子，
也给你。
你不是他们的源头。
道才是伟大的母亲，
是一切的源泉。
她的智慧是取之不尽的。

如果你放下
自己的期望，
你会发现你的孩子
永远不会
脱离她的爱。

你的养育责任似乎太大了，
超出了所有合理的预期。
你要让他们去学校，让他们不染毒品、不惹麻烦。
你要让他们上大学、完成学业、按时回家。
你永远不会有片刻的安宁，

无论你和他们到现在为止做得有多好，
总有一些事情可能会出错。
想一想此时此刻令你感到担忧的事情。
如果上帝宽宏，
足以容纳他们可能遇到的任何困难，
你是不是可以放松一些？

7
为万物存在

道何以为万物存在？
因为它对自身无欲无求，
所以它能够接纳你。
无论你如何挣扎，
无论你是否失败。
它总是对你敞开。

让自己
从孩子表面的成功和失败中
解脱出来，
这样，你才能
一直与他们同在。
你不是通过孩子来生活。
这样他们可以自由地
找到自己真正的满足。

你能否鼓励你的孩子
而不是过于看重结果？
你能否出席孩子的游戏或比赛，

为双方的每一次出色表现和
每一次努力欢呼？
你能否鼓励那些犯错的人，
无论他们属于哪一方？
这似乎不自然？不可能？
试一试。
你将真正享受游戏，
并教给你的孩子一个美妙的真理。

8
展示满足感

要成为明智的父母，你必须像水一样。
水甘愿不加区分地
滋养万物。
人总是努力往高处走，
水却欣然向下流动，
安居于低洼之地。

照顾你的孩子时，
使他们的环境整洁，
没有无用之物，不被分心打扰。
与孩子谈话真诚、直接，
不带控制和操纵。
做决定时公平慷慨，
不施惩罚和羞辱。

要在生活中
保持宁静和快乐，
满足与平和。
这将是你最大的财富。

没有什么比从简单活动中得到乐趣
并满足于当下的父母
更能滋养孩子。
你是在向你的孩子展示满足感，
还是总在渴望“更多”？

北京第一实验学校　罗俊翕／绘

9
你能创造空间吗

如果你将孩子生活中的每一刻填满，
他们会没有空间去做自己。
如果你不断催促他们，
他们会崩溃。
如果你给他们太多玩具，
那会是一种负担，
他们的心会因贪婪而变得狭隘。
如果你总是试图取悦他们，
你将成为他们的囚徒，
而非他们的父母。

不要竭尽全力，也不要紧张。
做你的工作，然后休息。
你的孩子将学会平静。

你的孩子是你“要解决的问题”，
还是你要爱的人？
想一想当前你与孩子之间的问题。
你能否创造一个空间，

那里没有你的焦虑，
他们能够找到自己的路，
感受你的爱，
而不被你的期望所困扰？

10
如其所是

当你和孩子在一起时，
要与他们合而为一。
使身体的每一部分放松，
直到像你的孩子一般柔软。
让所有的期望和焦虑消失，
这样你才能清楚地看见。
爱他们此时此刻的样子，
不需要改变什么。

当他们的生活充满了麻烦，
顺其自然，
不要施压，也不要强求，
你明白自己应扮演的角色。

你滋养他们，却不占有他们。
你引领他们，却不控制他们。
你帮助他们，却不担忧。

与孩子在一起如同冥想。

下次和孩子在一起时，
忘记过去，
忘记未来，
使你的心灵和思想
与身体同在。

11
静止点

齿轮旋转时，
中心的静止点
给了它方向。
静下来，
你的孩子将会看见
前面的路。

锅有美丽的外壁。
里面是空的，
这使它变得有用。
清空你的日程，
你将为你的孩子留出时间。

好房子有坚固的墙。
墙内的空间
使它成为家。
在心里留出空间，
你的孩子
将一直安居其中。

建议、指引、教导和说教，

即使是出于好意，

带来的也往往是困惑，而不是明了。

当你应该保持安静、清空日程、在心里留出空间时，

你是否使空气中充斥着良策与忠告？

12
安静之地

不断地刺激孩子的感官，
会使他们变得麻木。
他们看得太多，因此视而不见。
他们听得太多，因此充耳不闻。
他们尝过的美食太多，因此感到厌倦。
他们想要的东西太多，因此永不知足。

他们再也不知道什么
是真正的满足。

很难创造一个安静的空间，
使你的孩子可以发现自己的灵魂。
你必先让自己的世界安静下来，
然后再接近他们的世界。
他们习惯了噪音的喧嚣，
就会在没有噪音时大声抱怨。
但你可以找到一种使他们安静下来的方式。
你可以做些什么？
散步？
读书？
一个简单的游戏？

13
惧怕失败

当你教导你的孩子攀爬成功的阶梯时，
要谨慎。

阶梯不仅向上，
也会向下。

如果过度保护你的孩子，
他们会惧怕失败，
逃避痛苦。
但失败和痛苦
是一对孪生老师，
能教授重要的功课。
除非你的孩子完全经历了它们，
否则他们如何知道
自己没有什么可惧怕的?

你的孩子不是从成功中学习。
他们从失败中学习。
你要完全允许他们尝试，

允许失败，

并发现自己仍旧安然无恙。

你的孩子最近经历了什么失败？

他们的反应如何？

这让你感觉如何？

你们各自能从中学到什么？

14
神秘起源

你的孩子真的
来自你们身体的结合吗?
还是他们的起源更加神秘?

永恒
意味着没有时间,
没有开始,
没有结束。
你的孩子
真的住在永恒之中,
只是来时间里探访你吗?

如果你试图抓住他们,
他们会溜走。
他们不仅仅是你所见、所听、所感受到的。
他们属于别的地方,
只是来这里探访。
那么,你为何要担忧呢?

如果道是善的，它是完全的善，

你的孩子是安全的，无论表象如何。

当我的儿子陷入困境时，我相信。

当他是一个英俊、满足的成年人时，我相信。

即使未来有麻烦造访他的生活，我也会相信。

我相信。

15
保持警醒和觉知

如果你想成为明智的父母，
你要留意你的一言一行。
知道每一个动作、每一句话
都有其影响。
保持警醒和觉知，
充分地投入当下的每一刻。
对待你的孩子要礼貌，
像对待客人一样。
如果内心的声音引导你，
随时准备好放弃一个计划
开始另一个。
在心中留出空间
去倾听孩子和你自己
灵魂的声音。
不要期望从自己以外的事情或人那里
获得满足。
欢迎和接受事物本来的样子。
欢迎和接受孩子本来的样子。

善待自己。

这些品质是自然显现，

并不凭靠意志的力量。

16
放下担忧

要作为父母而存在，
你必须清空自己，
摆脱不间断的思考、计划和担忧。

你和你的孩子
来自道，
生活在道中，
也终将归于道。
如果你没有意识到这一点，
你会把生活中的悲伤误认为是最终的结局，
并因为恐惧而变得冷酷无情。

但当你了解事物的本质，
你就会获得真正的自信。
有了自信，
你会敞开心灵，
看见孩子真实的样子。
看见他们真实的样子，
你心中将充满对他们的真爱。
真正地爱他们，

你将意识到自己的神圣本性。
意识到你的本性，
你就进入了永恒的生命。

这些真理隐藏在所有的信仰体系背后。
相信它们。

17
不必威胁

你可以通过威胁和惩罚
控制你的孩子，
他们会学会恐惧。
你可以通过赞扬和奖励
控制他们的行为，
他们会学会向外界寻求认可和价值。
你可以监视他们的每个时刻，
每个行为，每个决定，
确保他们做得“正确”，
他们会学会永远
怀疑自己。
或者，你可以通过爱和引导，
不去控制或干涉，
他们会学会信任自己。

如果你的孩子在某件事上失败了，
只需表达你相信
他们有能力面对失败的结果。
如果他们表现得不负责任，

只需指出这给他们自己和他人带来的后果，
并再次表达你相信他们会吸取教训。
尽快给他们另一个机会，
使他们以负责任的方式行动。
不要陷入责备、羞辱和控制的
恶性循环。
那行不通。

18
自然美德

所有年幼的孩子天生
对自己的身体感到自在。
随着成长，他们学会羞耻，
变得不安和紧张。

所有年幼的孩子天生
与他人相处得很好。
随着成长，他们目睹冲突，
变得害怕和防备。

所有的美德自然地出现，
直到恐惧和训练干扰。
然后，美德消失了，
规则取而代之。

留意孩子身上的自然美德。
你可能需要仔细观察。
我们被训练成不去注意它们，
或者对它们产生怀疑。

但它们是真实存在的。

它们不需要被教导，

只需要被滋养。

你能在孩子身上发现什么自然美德?

19
认识内在的真实

如果你试图让孩子成为第一，
你会使他们
和你自己感到痛苦。
相反，告诉他们你相信
他们天生就是美好的，
所有人都会得到祝福。

如果你试图让他们尊敬你，
你反而会
使他们怨恨和欺骗你。
相反，尊重你自己和他们，
所有人都会快乐。

如果你试图让他们成功，
你会使他们因为不息的欲望
而承受无尽的痛苦。
相反，享受简单的生活，
所有人都会找到满足。

你不必教导外在的完美。
你要认识到内在的真实。
你不必让事情有好的结果。
你要认识到一切都很好。

北京第一实验学校　罗俊翕 / 绘

20
成为诚实的榜样

如果你想成为明智的父母，
你要准备好看起来愚蠢。
你要问自己，
“为什么我要如此辛苦，
总是在掌控，
总是在奔波？
真是疯了！”
除非你不再随波逐流，
否则你的孩子怎么能得到自由？

要教导你的孩子坚韧，
你必须愿意袒露你的脆弱。
你必须放弃你的抱负和奋斗，
拥抱宁静与平和。
你必须承认你的缺陷，
接受你的失败。
你必须诚实地面对自己，
发现你真实的本性。

你的孩子需要一个诚实的榜样。
如果你假装自己没有弱点，
用面具和假象来掩盖它们，
你的孩子也会学会这样做，
游戏就会继续下去。
从今天开始去看见，
并接受，
你在角色下的真实自我。

北京第一实验学校　罗俊翕 / 绘

21
关于存在的奥秘

虽然你给你的孩子起了名字，
但真实的他们却是无名而神秘的。
他们的奥秘是藏起来的，
却又是显而易见的。
当你直视它时，它会消失。
当你寻求它时，它会躲藏。
要找到它，你必须向内探索。
如果你能发现自己生命的秘密，
你就会瞥见孩子的奥秘。

这个奥秘虽然无法被描述，
但可以被信任。
你可以在你自己身上信任它。
你可以在孩子身上信任它。
我是怎么知道的?
因为我在任何地方都能看见它。

想象你自己是一个孩子。
是你父母从未了解的，

一个他们无法理解的奥秘。

认真看看你的孩子。

你永远不会了解他们存在的奥秘。

你会依然爱他们吗?

22
你最大的遗产

如果你希望你的孩子成功，
就向他们展示如何失败。
如果你希望他们快乐，
就向他们展示悲伤。
如果你希望他们健康，
就向他们展示生病的后果。
如果你希望他们拥有很多，
就向他们展示如何享受匮乏。
掩盖失败、否认失去的父母，
因为软弱而自责的父母，
没有什么能教给孩子。
而那些袒露自己所有人性的父母，
将成为英雄。
因为孩子会从这些父母那里，
学会如何爱自己。

养育孩子不需要成为一种负担，
一件你不得不做
而且做得不够好的事。

相反，把你的失败，
悲伤，疾病和困难
看作你重要的教育机会。

23
不要混淆的信息

遵从自然之道的父母不会给出混淆的信息。
当他们愤怒时，
他们的孩子会看见他们的愤怒，
并知道愤怒并不可怕。
当他们悲伤时，
他们的孩子会看见他们的悲伤，
并知道悲伤可以承受。
困难的情绪过去后，不会有残留。
他们与孩子的关系仍旧纯洁无瑕。

以自然的方式养育孩子非常困难。
我们学会了压抑、修正和怀疑
我们的自然反应，
以至于几乎认不出它们。
当然，你不应将压抑的情绪
发泄在孩子身上。
但你可以开始感受这些情绪，
成为自己本性的朋友。

这将使你能够恰当地、有意识地
向你的孩子表达自己。
隐藏的问题会越来越少，
新鲜的空气将净化你们每一个人。

24
计划——你的还是他们的

如果你推你的孩子，
他们将失去平衡。
如果你总是使他们到处奔走，
他们将哪里也去不成。
如果你把他们置于聚光灯下，
他们将看不见自己的光芒。
如果你试图强行让他们
成为什么样的人，
他们将变得没有自我。

如果你希望他们茁壮成长，
尽你所能确保他们的安全，
然后放手。

你是否为你的孩子制订了
比他们本身更重要的计划？
迷失在制服、训练、比赛、演奏会和
表演的繁忙中的，
可能是孩子的创造力和快乐的灵魂。

仔细地看和听。

他们有时间做白日梦吗?

从他们梦中出现的实践和活动,

会使自律像呼吸一样自然。

鼓励这些活动。

北京第一实验学校　罗俊翕 / 绘

25
光之云

他们看起来如此渺小且脆弱，
但实际上他们如此伟大和高尚。
他们诞生于
孕育了宇宙的同一个子宫
并将星系编织在一起。

如果你能看见他们真实的样子，
你会感到惊讶。
你看见的不是小小的孩子，
而是舞动的光云，
流动的能量，
在爱的海洋中畅游。

他们远不止你所看见的样子，
你也如此。

生活可能显得平淡无奇，
但实际上并非如此。
你的孩子可能看起来普通、麻烦又脆弱，

但他们并非如此。

你可能感到孤独、被隔离和无力，

但你并非如此。

26
成为学生

孩子被平凡的事物所吸引，
可以花无数时间
看阳光与尘埃嬉戏。
他们的焦躁不安是从你那里学来的。
是你在此地想着别处，
是你在此时想着过去。
停下。
让你的孩子成为老师，
而你成为学生。

你的孩子可能经常改变他们关注的焦点。
但这不是不安。
这是好奇心。
当他们做一件事时，
他们只专心做这一件事，
直到下一件事吸引他们的注意。
观察他们。
让他们决定节奏。
看看你能学到什么。

27 激起火花

不管你是否喜欢，
你的孩子计划他们自己的教育。
你要学会配合这个计划。
如果他们画画，
他们就是艺术家。
如果他们阅读，
他们就是学生。
如果他们研究什么，
他们就是科学家。
如果他们帮忙做饭，
他们就是厨师。
无论他们在做什么，
他们都在学习。
对他们来说，
这是纯粹的乐趣。

你能控制自己不去评判他们的兴趣吗？
你能给他们探索的空间吗？
学校通常不会这样做。

你可能是唯一一个
能激起他们创造力的火花，
使其成为欢乐的火焰的人。

28 改变世界

这个世界追求成就和进步，
充满了敌意和冲突。
你能在看见这一切的同时，
帮助你的孩子保持信任、希望与平静吗？

你能接受世界本来的样子，
却以不同的标准来生活吗？
你能使你的孩子看见一种
改变、疗愈、滋养
和爱的生活方式吗？

如果你批评政治，责怪税收，
对事情的糟糕状况感到沮丧，
你的孩子将学会抱怨而非欢笑。
如果每时每刻你都能，
看见生活的机会。
接纳和感激，
你的孩子将改变这个世界。

29
宇宙的能量

你的孩子不仅仅是泥块，
等着你的巧手来雕塑。
他们是宇宙的能量，
将成为他们要成为的样子。
他们是神圣的存在。
如果你干涉他们，
你会让每个人都感到痛苦。

他们会经历成功，也会遭遇失败。
他们会快乐，也会悲伤。
他们会使你高兴，也会使你失望。
他们会平安，也会面临巨大的风险。
他们会活着，也会死去。

留在你自己的灵魂中心。
你没有什么别的可以做。

我儿子在十几岁时差点失去生命。
我什么也做不了。

我记得我接受了他可能会死去的事实。

我哭了好几个小时。

然后我站起来，回到我的生活和所爱之中。

多年以后，他成了一个快乐、坚强、出色的年轻人——

这都是因为他的选择，

而不是我的。

北京第一实验学校　罗俊翕 / 绘

30
良好的行为

有很多方法可以使孩子
按你的意愿行事。
你可以强迫、恳求和贿赂。
你可以操控、欺骗和劝说。
你可以利用羞耻、内疚和理智。
这些都会反作用于你自己。
你将处于不断的冲突之中。

专注于你自己的行动。
培养内心的满足感。
在你所做的每件事中找到平静和爱。
这足以使你保持忙碌。
没有必要去控制他人。

如果你能释放一些
你长久以来的控制欲，
你会发现一个惊人的悖论。
你曾试图强迫的事情
现在开始自然发生。

你周围的人开始改变。

你的孩子从自己的内心

找到适当的行为

并感到欣喜。

所有人重拾欢笑。

31
你的孩子不是你的敌人

你的孩子不是你的敌人。
不需要害怕他们。
与他们的分歧不是战斗——
你要么赢，要么输。
如果你使你自己困在表面的冲突中，
所有的视角都会消失。
可怕和伤人的话语会出现。
整个家庭都会受苦，
创伤愈合缓慢。
“输”与“赢”
是家不需要的词。

你不需要为你的权威而战。
权威是你本就拥有的东西。
如果你的孩子没有看见，
虽然遗憾，
但你不能强迫他们去看见。
如果你牢记这一点，
许多冲突会消失。

困难的时刻可能依然存在，
但“大规模杀伤性武器”
已不再需要。

32
生命不来自规则

生命不来自规则。
生命来自道。
在蝴蝶身上，
在星系之中，
可以看见道。

我们确实建立了规则体系
和控制制度。
接受这一事实，
但要始终认识到规则的局限性
和制度的危险性。
规则可以指导孩子，但不能定义孩子。
制度可以培养孩子，但不能使孩子成熟。

在你的孩子还年幼的时候，
你也许可以强迫他们表现良好。
但内心的善
永远不能被强迫。
它只能被鼓励

或者被抑制。
想一想你家庭的规则，
无论是明确的还是默认的。
是谁制定了这些规则？
谁从中受益，如何受益？
这些规则是鼓励
还是压抑了你的孩子？

北京第一实验学校　罗俊翕/绘

33
你必须知道的事很少

要成为明智的父母，
你必须知道的事很少。
你要知道自己终将死去，
这样你才能真正活着。

你要知道何谓足够，
这样你才能感到满足。
你要知道如何欢笑，
这样你才能得到治愈。

有很多事是你不需要知道的。
你不需要知道你的孩子所想和所做的一切。
你不需要知道他们的秘密梦想和希望。
你不需要知道他们或者你自己的人生
将如何展开。

过你自己的生活，
用你的整颗心，
用你全部的思想和灵魂。
不需要去过他们的生活。
他们自己会做得很好。

34
像道一样

在很多方面，好的父母
要像道一样。
但不是你认为的那种方式。
道爱万物，
却不寻求控制。
道滋养每一处的生命，
却不施加评判。
道珍惜每一个人，
却不占有，也不依赖。

你能去爱而不寻求控制吗？
你能去关怀而不施加评判吗？
你能去珍惜而不据为己有吗？
你当然可以，
因为道流经了你。

无论你可能听说过什么，
道并不会控制、评判或占有。

35

发现平凡生活的生命力

不去要求你的孩子
追求不平凡的生活。
这样的奋斗看似令人钦佩，
但却是无益之举。
帮助他们发现
平凡生活中的奇迹。
让他们感受品尝
番茄、苹果和梨的快乐。
当宠物和亲人离世时，教他们表达悲伤之情。
让他们体验触摸带来的
无限温暖。
让他们发现平凡生活的生命力。
奇迹自会到来。

你不得不时时应对
文化对你和你的孩子施加的
不断追求更多和更远大的目标的压力。
慢下来，
过简单的生活，

清晰地洞察，

这需要勇气和自律。

但回报是巨大的。

今天你们可以一起做什么平凡的事?

36
对立面是必要的

如果你希望你的孩子慷慨，
你要首先允许他们自私。
如果你希望他们自律，
你要首先允许他们随性。
如果你希望他们勤奋，
你要首先允许他们懒散。
这是一种微妙的差别，
很难向那些批评你的人解释。

不了解一种品质的对立面，
就无法真正拥有它。

你所有的朋友，
（尤其是孩子的祖父母）
都会告诉你这只是胡言乱语。
但你要向你的内心寻求答案。
只有拥有强烈自我意识的孩子
才能真正慷慨。
只有感受到幸福的孩子

才能真正勤奋。

大多数伪装的自律和勤奋

只是强迫的结果。

它们没有真实的力量或喜悦。

只有悠闲而散漫的梦想家

才能发现真正的自律，

这将带来巨大的成功。

37
鼓励自然的欲望

不要被误导。
道是无欲无求的。
一个无所不包的存在，
怎么会渴望其他的东西？
但所有真实的欲望都将在道中得到满足。

你的孩子将面对自然的、
非自然的欲望。
所有自然的欲望都会
自然得到满足。
那些追逐非自然欲望的人
永远不得安宁。
如果你能帮助你的孩子区分这两者，
他们将过着满足、快乐的生活。

我们都天然渴望爱与被爱，
渴望归属，渴望欢歌载舞，
渴望找到并享受幸福。
告诉你的孩子这些欲望

会在事物的自然发展中得到满足。

对于我们这些被训练成
通过持续的不满足来支持经济发展的人来说，
这是一项艰巨的任务。
我们的孩子每周听到的广告
远远超出他们一个月里听到的我们说的话。
你能不能用自己的行动告诉他们
如何在爱、生活和舞蹈中
找到真正的幸福?

38 不需要强迫

强大的父母不需要
威胁和强迫他们的孩子。
软弱的父母推搡、
喊叫和打骂，
但仍不具备任何力量。

如果孩子被要求表现良好，
而没有内在的善作为动力，
你将一无所获。
如果孩子被灌输的
只有外在的形式和教条的信仰，
你的希望只会落空。

智慧的父母知道
他们的孩子内心深处有
一种自由的精神和善良。
这些不需要强迫，
只需要浇灌和鼓励。

当孩子的行为
看起来不好和不道德时，
不要被表象欺骗。
这不是他们的本性。
你无法通过强迫
来改变他们。
你的强硬态度只会
使问题更复杂。
如果你放下期望，
让自己保持平静，
你的孩子会看见什么？

39
你挡路了吗

明智的父母让一切顺其自然，
尽量不去干涉。
他们保持低调，
不引起别人的注意。
他们的孩子会发现
事物的自然和谐，
并以真正和平的方式
解决他们的冲突。

当父母干涉，
不断插手孩子的生活时，
自然的秩序就会被遗忘。
冲突升级，
学习受到阻碍，
混乱主宰一切。

当然，有时候我们应该引导。
我们当然想要保护我们的孩子，
把我们所学到的教给他们。

但最好让这种指导

尽可能温和而不引人注目。

强行灌输

也许会带来我们想要的立竿见影的效果，

但我们的孩子可能会缺乏判断力，

无法建立内在的性格力量。

你的孩子现在在学习什么？

你是否干扰了他们？

40
让思绪平息

我们的身体孕育了孩子的身体。
我们嘈杂的思绪制造了孩子的恐惧。
但道滋养了孩子的精神。

让身体安静。
让思绪平息。
让精神浮现。

冥想既不复杂
也不深奥。
它是一种自然的技能，
有许多不同的实践方式。
吸气，默念“保持……”
呼气，默念“……安静。”
一旦你学会，
就教给你的孩子。
你不必称之为冥想。
称之为“像山一样安静”。

激发他们保持安静和休息的自然能力。

（是的，他们可以，

即使是短暂的。

你可以吗？）

41
找到平衡

养育中有太多悖论，
很难找到平衡。
有人甚至不去尝试。
他们一意孤行，
对智慧的低语充耳不闻。
有人勉强尝试，
但当他们感到困惑时，
却求助于过时的方法。
不过，也有人会倾听智慧的声音，
并把它变成自己的。

他们在柔和中找到力量，
在灵活中找到规矩，
在错误中找到完美，
在失败中找到成功，
在混乱中找到清晰，
在放手中找到爱。

养育中的悖论无处不在。

不要让表象迷惑了你。

事情可能与看上去的完全不同。

你的孩子现在怎么样?

你确定吗?

还是只是假设?

最困难的时刻中

埋藏着闪亮的宝石。

平静的表面下

潜伏着激荡的水流。

保持平衡。

42
与孤独为友

学习应对生活中的各种情绪和事务
需要独处。

不要让这个过于活跃的世界的需求
剥夺了孩子的宁静。
源源不断的刺激，
没有安静来加以平衡，
会造成混乱。
早早学会独处的孩子
将与万物融为一体，
并继承一切。

首先，在你自己的生活中拥抱孤独。
这比你想象的要困难得多。
干扰无处不在。
甚至连思想也是嘈杂的。
给你的孩子时间，
让他们没有计划地玩耍，
漫无目的地阅读，

无拘无束地做白日梦，

无所畏惧地探索。

也允许你自己这样做。

43
什么也不做

当你的孩子失败时，什么也不做。
这需要很大的勇气，
却是智慧的选择。
当你的孩子行为不当时，
温柔地对待他。
这需要很强的自控力，
却是力量的来源。

不要习惯于
责备、呵斥、干涉、打扰、说教或控制你的孩子。
让你温柔的在场
教导他们必要的一切。

我父亲曾审视我的一举一动，
确保我的行为是正确的，
以此来教导我责任感。
但直到我发现做错事的后果，
我才真正学会负责。
你的孩子所犯的每一个错误

都是通往成熟的漫漫长路上的又一步。

每一次你加以干涉，

你和你的孩子都在退步。

44
找到你自己的意义

如果你期待你的孩子
给你的生活带来意义，
你的生活将毫无意义。
如果你需要他们成功
才能使你自己感觉成功，
你将永远失败。

你的孩子来到这个世界
不是为了完成你的人生。
他们来到这个世界
是为了完成他们自己的人生。
当你向内探寻，
发现自己已经拥有你所需要的一切时，
你将找到你的自由。

只要你感到你的生活有所缺失，
你就有可能利用你的孩子来填补这种缺憾。
对他们来说这是一种过于沉重的负担。
你是否在向他们而不是向你自己
寻求答案？

45
关于完美

如果你期待拥有完美的孩子，
你会始终感到失望，
而你的孩子会始终感到沮丧。
如果你意识到你的孩子
每时每刻都是完美的自己，
你和孩子就会获得平静。

退后一步，仔细观察。
你会发现生活
自然地趋于完善。

孩子的行为可能会使你不高兴。
甚至可能具有破坏性。
但行为只是行为。
你需要做的是理解这一行为，
并利用它为你的孩子和你带来积极的改变。

46
每一天都是舞蹈

当父母偏离了正确的道路时，
他们开始感到脆弱。
他们变得害怕自己的孩子，
并为孩子感到担忧。

他们夜不能寐，
不敢面对，
不敢纠正，
不敢爱
也不敢拥抱孩子。
每一天，他们都在为战斗做准备。

但当父母走在正确的道路上时，
他们将每一天视为舞蹈。
他们无所畏惧，
因此他们生出喜乐。

我记得很多个烦恼的夜晚。
我记得很多个日子里，

小心翼翼地回避问题，
不想发生冲突，
希望避免不愉快。
有时我甚至觉得这些可爱的人
是我的敌人，
他们妨碍了我，
使我的生活变得不幸。
我是多么愚蠢。
其实没什么可害怕的。

47
关于给予

你的孩子会提出很多要求，
占用你很多的时间和精力。
“我们想做这个。”
“我们想买那个。”
他们相信这些
就是他们想从你那里得到的。
而你可能也开始相信这一点。

但他们真正想要的
是你内心深处
柔软而真挚的爱。
这种爱并不通过为他们做事或买东西来给予。
做得越多，成就的越少。
买得越多，拥有的越少。
但如果你向他们展现
你真实的自我，
你就给予了他们一切。

当然，有时我也会为我的孩子做事。

我通常都非常乐意。
但那些被铭记的事情，
那些神圣而珍贵的时刻，
总是来自温柔的交谈
和诚实的分享带来的宁静。

48
少即是多

你的孩子不需要更多的东西。
每天都有更多的事实，
更多的玩具，
更多的活动，
更多的欲望，
和更多的困惑
进入他们的生活。

你的任务是做减法。
每一天努力去清除，
去澄清，
去简化。
社会的智慧是做加法，
于是困惑增长了。
而道的智慧是做减法，
于是宁静滋生了。

如果每天少花一分钟做别的，
多花一分钟和你的孩子在一起，

享受当下简单的快乐，
两个月后，
你的生活和他们的生活
就会发生改变。
少即是多。

49

给予尊重

当你的孩子表现良好时，
给予他们尊重和善意。
当你的孩子表现不好时，
给予他们尊重和善意。

当他们可恨时，
爱他们。
当他们辜负你的信任时，
相信他们。
生命之河滋润它所流经的一切，
而不要求回报。
如果你也这样做，
你会感到快乐和满足。

相信这个难以理解的真理。
在面对不敬时展现尊重，
在面对恨时展现爱，
在面对背叛时展现信任，
在面对混乱时展现宁静。
这些将比自古以来所有传道者的说教
教给你的孩子更多。

50
关于放手

如果你总是担心孩子的安全，
你会让你自己和他们被紧张所束缚。
如果你总是试图让他们待在你身边，
你会给你自己和他们带来痛苦。
如果你放手让他们尽兴地生活，
平静地面对死亡，
你将在夜晚得以安睡。

我越是紧紧抓住我的孩子
和我自己对生活的渴望，
生活就显得越危险。
当我逐渐放下筹谋和规划，
接纳所发生的一切时，
我们的生活就变得更安全。

51
孩子天生就热爱生活

你的孩子天生就热爱生活。
他们对生活的爱是自发的、
无意识的。
这种爱使他们对光影和色彩的每一个细微变化
感到欣喜，
对每一种形状和形态充满好奇。
这种爱不自觉地
在他们的身体里舞动。
他们不是被教会这种爱。
爱无法被教导，
爱是本自具足的。

如果你对孩子的爱是本自具足的，
你会引导他们，
但从不要求他们做出特定的回应。
你会拥抱他们，
但从不使他们感到窒息。
你会孕育他们，
但从不将他们据为己有。
你会扶持他们的梦想，

保护他们的自尊。
他们自然会尊敬你，
不是因为你是谁，
而是因为他们是谁。

不要担心你的孩子如何对待你。
专注于你如何对待你自己。
如果你的孩子在你身上看见
一种对自我的真诚赞美，
他们最终会回到对他们自己
和对你的自然的喜悦中。

52

一切都很好

一切生命永远属于道。
当父母忘记这一点时，
悲伤就开始了。

你忘记了自己的归属，
于是到处寻求安全感，
但找不到。
你期望你的孩子
为你带来意义，
但他们做不到。
看见你的痛苦，
他们也忘记了自己的归属，
每个人都陷入黑暗。

但如果你能记住
一切都很好，
曾经很好，
将来也会很好，
你就会为你自己
和你的孩子带来光明。

我父亲总是担心未来。
我从他那里学会了这些。
我花了很多年才戒掉这个习惯，
但我还是时常会忘记一切都很好。
你的孩子要戒掉什么习惯？
你会怎样开始帮助他们？

53
不要让它变得不必要的困难

每个人都想成为明智的父母，
但很少有人选择这条路。
很遗憾，
因为这是一条容易的路，
充满了喜悦和许多回报。
但人们容易偏离方向。
干扰无处不在。
随着外部压力的增加，
要留意发生了什么。

你是否在你的孩子选择了有害的道路时，
一心追求事业发展？
你是否在你的孩子迷失于混乱时，
会买昂贵的玩具来缓解情绪？
你是否在你的孩子渴望着快乐时，
陷入了沮丧？

不要让养育变得不必要的困难。
它只需要专注。

担忧不是专注。

试图控制不是专注。

转移注意力不是专注。

放松，不焦虑，

关注此时此刻在你面前的东西。

这才是专注。

此时此刻在你面前的是什么？

不，不是你的担忧或烦恼，

此时此刻在你面前的是什么？

54
创造清晰，鼓励自由

美德源自孩子的内心。
它是他们本性的自然组成部分。
它永远不会被剥夺。
它会伴随他们走到任何地方。
它在任何情况下都会指引他们。
它将使他们的生活欣欣向荣、
充满喜悦。

成百上千个声音
争夺他们的注意力，说着：
“路在这里。不，路在那里。”
你的孩子将学会
信任自己的内心。
因此，他们会明智地行事。
你不必担忧。

你怎样才能不担忧？
审视你自己的内心。

我们不相信人性本善。

我们认为善必须由外部强加。

但所有愚蠢的决定和选择

都源自混乱和恐惧。

不断的催促和说教

加剧了混乱和恐惧。

你有什么办法可以

创造清晰，鼓励自由？

55

你的孩子有东西要教给你

你的孩子有重要的东西要学习，
但他们有更重要的东西要教给你。

他们能教给你什么？
如何全神贯注。
如何不知疲倦地玩一整天。
如何放下一件事，
然后毫不犹豫地转向另一件事。
如何在行动和坐着时，
让肌肉不紧张，
不使骨骼承受压力。

因此，明智的父母会学习、进步，
然后每天都变得更年轻。

如果每次你教给你的孩子
你的世界中的一个新观念或技能，
你都停下来观察，
直到他们教给你

他们的世界中的一个新东西，

你的生活会变得多么快乐？

今天你会从他们那里学到什么？

56
你有东西要学习

我们最想教给孩子的东西
是我们自己还没有学会的。
因此，我们不断尝试教给他们
我们不了解的东西。

这是徒劳的。
反过来，试着少说话。
仔细观察。
专注倾听。
使你的头脑对新的见解保持开放。
你会学到你需要了解的东西。
这样，你就可以教给你的孩子
如何学习他们自己的功课。

没有什么比愿意学习的父母能教给孩子更多。
孩子身上的什么行为使你感到焦虑?
这告诉你关于你自己的什么?

57
关于奖惩

给孩子制定规则要谨慎，
规则会减少责任感。
给孩子奖励要谨慎，
奖励会削弱自尊。
给孩子惩罚要谨慎，
惩罚会破坏信任。

让事物的本质来教导孩子，
而不是你自己的计划或需求。
诚实将取代规则。
知足将取代渴求。
精神将取代宗教。
歌唱将取代争论。
舞蹈将取代冲突。

不要告诉我这很容易。
也许父母一生中最勇敢的行为
就是在某个时刻
即使心碎不已，

你仍然选择站在一旁
让你的孩子为他们的行为
承担后果。

北京第一实验学校　罗俊翕／绘

58

你只能向孩子展示

如果你对你的孩子
抱有过高的期望，
他们将背负重担。
如果你试图使他们变好，
他们反而会自甘堕落。

让你的教导变得微妙。
让你的力量来自你的灵活性。
让你的美德自然流露，
而不是刻意为之。

如果你的孩子被
谦逊、优雅、宽容和喜悦地对待，
他们会学到什么？

没有什么
比你在生活中的诚实更重要。
你不能通过
教导、强加、控制、威胁或强迫
传授任何美德。

你只能以身作则。

把你最大的努力放在你自己

而不是孩子的行为上。

59
对快乐的野心

要体验为人父母的快乐，
你要去除对你自己和孩子的野心。
野心会使肌肉僵硬
心灵脆弱。
在变幻的风中
你无法轻松前行。

但如果你放下野心，
你就能将生活中的一切，
无论好坏，
视作快乐的燃料。
因为你不要求任何东西
你拥有一切，
你的孩子也是如此。

你是否对你自己或你的孩子有着
隐秘或不太隐秘的野心？
这些野心合理吗？
如果它们没有实现，会发生什么？

青春期充满了沮丧。

你的孩子常常把自己

与不切实际的标准进行比较，

包括成就、美丽和是不是受欢迎。

不要鼓励这种比较。

鼓励快乐。

60
种植花园

管教顽皮的孩子
就像看着花园里的植物生长。
不要拔起植物
检查根部，
要抵制这种诱惑。

在最糟糕的情况下，
孩子可能会以冲突为乐。
如果你禁不住诱惑，
你们之间的对峙就会加剧。
相反，退后一步，
深呼吸，
放松，
保持内心的平静。
对峙需要双方参与。
一个人唱独角戏，很快就会厌倦。

有没有这样的时候，
你付出了所有努力，

但还是必须动用权威？

当然有。

但请记住，

这样的时候远比你想象的少。

当下的对峙真的有必要吗？

61
自我接纳

孩子如何学习改正错误？
通过观察你如何改正错误。
孩子如何学习面对失败？
通过观察你如何面对失败。
孩子如何学习原谅自己？
通过观察你如何原谅自己。

因此，你的错误和你的失败
是祝福，
是养育中最好的机会。
指出你错误的人
不是你的敌人，
而是最珍贵的朋友。

你的孩子一定会注意到
你处理批评的方式。
如果你满是戒备
并发起反击，
他们就学会掩盖

和否认自己的错误。

现在你是否在掩盖什么，

沮丧、自我惩罚还是敌意？

放轻松。

接受并原谅自己，

你的孩子就会得到祝福。

62
要快乐

即使你拥有很多的财富，
这对教导你的孩子毫无用处。
即使你拥有巨大的权力，
这并不能确保他们的幸福。
即使你在生活中取得了令人艳羡的成功，
这无助于保护孩子的安全。

记住，你无法通过说教来教导。
试着平和、知足，
充满爱和同情地生活。
这将是你的告诫。
这将是你的教诲。

我越让自己快乐，
我的孩子也越快乐。
我越做自己，
他们也越是如此。
这发生在我人生的后期。
不要等待。

63
直面问题

当问题还很小的时候，
与你的孩子一起面对。
如果你全神贯注，
没有怨怼，
你的问题将不会成为问题。

问题不会打扰
宁静幸福的生活。
问题是生活平常的组成部分。
不需要努力。
如果你冷静地关注，
解决办法自然会出现。

这么多年来，我害怕
我孩子的问题。
我自己的问题已经够多了。
我试图高高在上地
用命令和警告解决他们的问题。
然而问题越来越多。

我没有关注自己，

又怎么能关注他们？

随着年龄增长，

问题不再是问题，

只是生活。

没有必要因为它们

使我们与孩子之间产生隔阂。

不要害怕。

64
唯一必要的一步

你不必把你的孩子
培养成了不起的人，
你只需要提醒他们
他们是了不起的人。
如果你从他们出生那天起就坚持这样做，
他们会很容易相信这一点。

你不能把你自己的意志
强加给其他人。
你不能催促孩子
走向成熟。
他们漫长人生旅途中
唯一必要的一步，
就是接下来的一小步。

我儿子十几岁的时候，
我设计并打印了一张车尾贴。
上面写着：
“我的孩子是一个普通的学生，

也是一个了不起的人。”

我儿子很喜欢这句话。

我的两个孩子都是，

过去是，

将来也会是，

了不起的人。

你的孩子也是如此。

不管发生什么。

65
知识还是智慧

如果你试图教给你的孩子
所有你认为他们需要知道的
事实和答案，
他们最终会一无所知。
相反，如果你帮助他们审视
自己的内心深处，
你将引导他们找到
所有答案的源泉。

不要指望学校
教你的孩子智慧。
当选“本月最佳学生”
并不能保证他们就会幸福。
你的孩子要从其他地方学习道，
也许是从你那里。

66
以身作则

如果你希望你的孩子沿着
某条道路前行，
你要像海洋引导河流回家一样，
在低处默默引领他们。

如果你操控、胁迫和欺凌你的孩子，
你将失去一切权力。
如果你以谦逊、温柔和身教来引领他们，
你就不需要任何权力。

对孩子的控制
是一种巨大的幻觉。
到他们六岁的时候，
他们就会按照自己的意愿行动。
你可以欺凌他们，
使他们认为自己想要你想要的。
这是你想要的吗？

67

同情心、耐心和简单

你只需教给你的孩子三种品质：
同情心、耐心和简单。
有人会认为这很荒谬。
他们会教导野心、欲望和消费主义，
并说这才是成功之道。

但如果他们学会耐心，
他们将看见真实的世界。
如果他们学会简单，
他们将看见真实的自己。
而如果他们学会同情，
他们将治愈自己和世界。

身为父母，遵循道
似乎常常与传统的养育智慧背道而驰。
困惑源于我们身为父母的自我怀疑。
我们不知道自己真正想要什么，
或者我们到底是谁。
唯有体验到同情心、耐心和简单，

我们才能教导这些品质。

而当我们体验到这些品质时，

我们就不再需要刻意教导。

我们拥有这些品质。

我们的孩子就会从我们这里学习。

北京第一实验学校　罗俊翕/绘

68
乐趣与游戏

在你的孩子学会输赢之前，
他们玩游戏是为了乐趣。
但后来他们开始相信
他们必须在游戏中、在商业上、在战争中获胜。
他们甚至学会了在爱中论输赢。

但道教导我们，
游戏是为了乐趣，
商业是为了共同利益，
没有人会赢得战争，
而爱是永恒。

你是否为了乐趣而玩游戏？
你是否为了共同利益而工作？
你是否把世界划分为朋友和敌人？
你是否选择性地去爱？
你真的会在爱中“输”吗？
诚实地审视这些问题。
答案将揭示你的孩子真正学到了什么。

69
武者的艺术

武术高手懂得
如何屈服和制胜。
当对手发起攻击时，
他会躲避。
他移动身体，
但不离开原来的位置，
弯曲身体，
但始终保持平衡。

作为父母，你也要这样做。
当你的孩子与你对抗时，
不要以强硬的态度回应。
放低姿态，他们就会折服。
你会如愿以偿
且不会伤害他们。
于是你将在妥协中
获得真正的胜利。

我希望所有父母都能领悟太极拳的艺术。

在这种优雅的武术中，
平衡、柔软、灵活和优雅
是达成目标的方式。
记住，这并不意味着
你的孩子可以为所欲为。
恰恰相反。
你要给予他们坚定的指引，
但不会有暴力、紧张和悲伤。
这是一项艰难的修行，
但回报是巨大的。

70
相信道

道的教导
简单且自然。
然而，当你试图实践它们时，
你会遭遇巨大的阻力。
数千年来，
孩子们一直在与道相悖的环境中被养育。
没有人会支持你。

但看看这数千年的影响。
然后审视你的内心。

道的方法由来已久。
有的父母找到了它。
他们之中很少有人谈论它。
在他们看来，这是自然而然的。
他们不称它为“道”。
他们只是享受它。
但对我们之中的许多人来说，
养育之路充满挣扎。

更好的方法就在这里。

你不需要学习它。

你已经了解了。

你只需要相信它。

71
要有信心

自信的父母
不是那些在各种情况下都知道
如何养育孩子的人。
自信的父母
是那些知道知识
会在情境中自然出现的人。

这种父母的内心
没有混乱，
愿意不带偏见地回应。
这种父母总是能做正确的事。

我对我的孩子和我自己的未来
充满信心，
因为我知道
我们都是道的一部分。
无论好与坏，
生与死，
这是不变的事实。

无论如何，

当重要的时刻到来时，

我会知道该怎么做。

72
自然灵性

不要试图教你的孩子信仰。
相反，教他们
惊叹于生命的种种奇迹。
某种自然的灵性
会在他们心中诞生并成长。
试图传授信仰
会使他们依赖他人的话语。
如果你的孩子依靠自己的经验，
他们永远不会迷失方向。

在过去的二十年人生中，
我是一名牧师。
我确信信仰不同于自然灵性，
如同黑夜不同于白昼。
永远不要担心孩子的灵魂。
孩子的灵魂属于道，
它永远是生命中
唯一超越所有危险的真实。

73
张开双臂

明智的父母不强求，
但他们的愿望从不落空。
他们始终都在，
但从不干涉。
他们沟通，
但从不说教。
他们让他们的孩子离开，
但从不会失去他们。

这些父母就像道。
他们敞开心灵和双手，
却从不失去任何东西。

如果我紧紧抓住我的孩子
和其他珍贵的东西，
我只能拥有
我的双臂所能承载的。
即便这些也会从我手中溜走。
但我越是张开双臂，

我得到的就越多。
如果我能全然敞开，
我将拥有一切。

北京第一实验学校　罗俊翕/绘

74
变化之河

今天你看到的孩子
明天将不再存在。
从学校回家的孩子
与今早离家时的孩子不同。
每一刻都是过去一切的死亡，
也是未来一切的诞生。
你必须跳入河中，
让河水带着你前行。
如果你试图阻止它流动，
你会溺水。

我们和我们的孩子都无法避免
变化、失去和死亡。
但我们的孩子
会通过我们赋予他们的视角
解读这些事物。
如果你能突破对这三件事的恐惧，
你的孩子将拥有最宽阔的视野。

75
关于空间和时间

如果父母总是干扰孩子的世界，
孩子将失去独立精神。

如果父母对孩子的行为不断施加规则，
孩子将失去自信。

保护好你的孩子，
但不要害怕让他们独自生活。

我曾听一位儿童顾问说：
“你永远不会花太多时间
和你的孩子在一起。”
其实你会。
孩子当然需要你在身边的安全感。
但他们在每个年龄段，
也需要足够的空间去玩耍，
想象未来，
编织童年的梦想。
过多的相处时间可能满足了你的需求，
而不是他们的。

76
要坚持的只有同情心

专家说：

“你必须始终如一，

否则你的孩子会感到困惑。”

这是无稽之谈。

我们之中谁能做到始终如一呢？

环境总是在变化。

当父母变得僵化，

把规则置于爱之上，

孩子会感到困惑。

始终如一地保持灵活，

要坚持的只有同情心。

随着年龄增长，

人的思想和身体

要么变得柔软而灵活，

要么变得僵硬而脆弱。

这两类人的典型代表我都见过，

你也见过。

你将成为哪类人?

孩子在身体和精神上都是灵活的。
我们能给予他们最好的礼物,
就是变得同样灵活。

77
不要试图胜过你的孩子

遵循道的父母，
从不试图胜过他们的孩子。

他们不需要通过胜利
来捍卫自己的地位。
他们的地位是稳固的。
他们也不会让孩子胜过他们。
这会伤害孩子。

输赢对这样的父母毫无意义。
他们总是能够
在过多与过少之间找到平衡。
没有人畏惧他们，
他们也不畏惧任何人。

有时，尤其是在孩子还小的时候，
我们必须把我们的意志
强加给我们的孩子。
但这样做只是为了他们的安全。

利用我们的体型和力量来威胁孩子

达到我们的目的，

这太容易了。

但并不能教会他们道。

78
以柔克刚

面对困境和悲伤时，
父母要变得像水。
他们要拥抱生活中
最艰难的事物，
以心灵去包容一切。
以温柔和平静去接纳
死亡与失去。

我们都想保护我们的孩子
远离生命中的悲伤与失去。
我们做不到。
但我们面对这些事情时的表现
将为我们的孩子提供
保持平静所需的一切。
记住水。
没有什么东西能强硬到阻止它。
你面临什么困难？
当你的孩子观察你时，
他们学到了什么？

79
拒绝指责

遵循道的父母不会指责。
他们观看晚间新闻时，
从不抱怨。
他们旁观他人的失败，
从不幸灾乐祸。
当他们的孩子使他们失望时，
他们保持平静。
他们履行自己的职责，
从不为别人担忧。

永远不需要为任何事情
责怪我们的孩子。
当然，我们可以纠正他们。
我们可以用智慧温柔地引导他们。
但责怪孩子的错误
并不是唯一的问题。
在接下来的七天里留意你们的对话。
每当你抱怨或责怪任何事情时，
记下来。

你的孩子在听。

他们是在学习指责他人，

还是在学习采取建设性的行动？

80
关于空巢

如果父母遵循智慧之道，
他们的孩子就会保持快乐。
他们满足于简单的乐趣，
不会寻求持续的刺激来使自己开心。

他们喜欢待在家里，
不需要去别的地方寻求认可与接纳。
当他们离开家开始自己的冒险时，
他们带着信心、满足与喜悦。
而他们的父母看着他们离开，
心中充满满足、平静与幸福。

“空巢综合征”
不会困扰遵循道的父母。
我们当然会想念孩子。
但在他们的一生中，
我们帮助他们拥抱生活，迎接变化。
我们也学会了这样做。
新的时光在等待我们。
我们的巢，以及他们的，
永远不会空。

81
在河流中

言语永远无法使我们的孩子了解道。

我们不需要争论。
我们不需要教导。
我们不需要强迫。
我们不需要勉强。

我们只需要活在生命的河流中，
别无他求。

我的话已说完。
我写下这些话是为我自己，
使我能够时常听见，
然后开始理解它们。
当我开始理解它们，
愿我也能开始去践行。
如果我的话带给了你些许喜悦，
我会感到满足。

ABOUT THE AUTHOR

关于作者

威廉·马丁育有两个已成年的孩子，约翰和劳拉。他学习道已有十年之久。他毕业于加利福尼亚大学伯克利分校以及西方神学院，曾在美国海军部担任研究科学家，也曾担任牧师，并在大学担任咨询、传播学与人文学科的讲师。如今，他与妻子南希共同运营着位于加利福尼亚州奇科市的一家教育与咨询中心——静心之所（The Still Point）。他开设工作坊和研讨会，主题包括太极拳、禅宗、灵性发展阶段、冥想以及宗教倦怠。他与妻子现居加州奇科市。